AF463502

HANS

UNE PAGE OUBLIÉE

Étudiants français et allemands en 1867

(*Extrait de la* Nouvelle Revue)

PARIS

AUX BUREAUX DE LA *Nouvelle Revue*, 28, RUE DE RICHELIEU

1898

UNE PAGE OUBLIÉE

HANS

UNE PAGE OUBLIÉE

Étudiants français et allemands en 1867

(*Extrait de la* Nouvelle Revue)

PARIS

AUX BUREAUX DE LA *Nouvelle Revue*, 28, RUE DE RICHELIEU

1898

UNE PAGE OUBLIÉE

ÉTUDIANTS FRANÇAIS ET ALLEMANDS EN 1867

C'est une chose connue depuis longtemps, évidente et avérée, que la France fut toujours un méchant voisin, déloyal, belliqueux, astucieux, avide de conquêtes, dévoré d'ambition, affligé d'un caractère si mal tourné que les pays infortunés placés par le hasard à ses côtés ne purent jamais s'entendre avec elle, malgré la douceur, la patience et toutes les vertus angéliques dont le Ciel les avait dotés.

Cela, les plus savants docteurs d'outre-Rhin l'ont dit, répété, affirmé mille fois, par la parole, le journal ou le livre, et il serait bien outrecuidant en vérité de vouloir donner un démenti à des autorités aussi incontestables.

Qu'il nous soit permis, cependant, d'exhumer quelques vieux documents jaunis, sans doute bien oubliés aujourd'hui, mais qui, par cela même, peuvent offrir de l'intérêt au moment où l'idée d'une alliance possible avec nos vainqueurs d'hier peut être émise chez nous sans soulever d'unanimes protestations.

C'était en 1867 ; à cette époque, nous nous plaisions déjà, — et depuis longtemps, depuis toujours, — à considérer les Allemands comme nos ennemis héréditaires, ce sont encore les savants docteurs germaniques qui l'affirment. L'Allemagne, au contraire, était la grande nation généreuse et désintéressée, toujours victime de sa candeur et de sa trop aveugle confiance en autrui. Or, dans ce mois de mai 1867, la question du Luxembourg occupait tous les esprits. La situation se tendait de plus en plus entre la France et l'Allemagne. La guerre semblait imminente. D'un jour à l'autre, on s'attendait à ce qu'elle fût déclarée.

Les étudiants de Paris et ceux de Strasbourg, ces représentants de la jeunesse française qui se firent à toutes les époques l'écho du sentiment national, envoyèrent spontanément aux étudiants allemands deux adresses sympathiques exprimant l'espoir de voir la paix maintenue, et le désir de travailler en commun, avec leurs camarades d'outre-Rhin, à entretenir de bonnes relations entre deux nations faites pour s'entendre. Voici celle des étudiants de Paris, dont on trouve la reproduction dans les journaux du temps, et notamment dans le *Courrier du Bas-Rhin* du 10 mai 1867 :

« Frères allemands !

« L'horizon se montre sombre et menaçant. Des bruits de guerre se font entendre des deux côtés du Rhin. Les nations regardent, inquiètes, ce que l'avenir leur prépare. Et cependant le temps des haines nationales n'est-il pas passé ? Loin de nous ces idées d'un autre âge ! Les peuples sont grands, non par leurs territoires, mais par leurs institutions. Ce n'est pas l'extension de leurs frontières, mais celles de leurs libertés que doivent vouloir la France et l'Allemagne.

« Nul homme de cœur n'a jamais craint la guerre ; tout honnête homme doit la détester. Haïssons-la pour les misères qu'elle entraîne et pour le despotisme qu'elle engendre.

« N'appartient-il pas aux étudiants d'affirmer hautement ces grandes vérités ? Ne marchons-nous pas ensemble dans cette voie féconde, frères allemands ? Que par vous, avec vous, ce soit la paix avec ses splendeurs qui conduise désormais les nations à la prospérité, à la grandeur, à la liberté ! »

De leur côté, les étudiants de Strasbourg rédigeaient le message suivant que l'*Impartial du Rhin* reproduisait dans un supplément spécial :

« Nous sommes à la veille de terribles et douloureux évènements. Quelques jours peut-être, et nos deux nations, faites pour marcher fraternellement sous l'égide de la paix, faites pour s'entr'aider dans l'œuvre de la civilisation, vont se ruer l'une sur l'autre et s'entredéchirer en ennemies implacables.

« Dans ce moment critique, nous regardons comme un saint devoir de vous dire ce que nous pensons de cette guerre et quels sont nos sentiments à l'égard du peuple allemand. De guerre, nous n'en voulons point ! de haine nationale, nous n'en connaissons ! mais la guerre une fois inévitable, nous ne marchanderons pas nos sacrifices à la France. Mais aujourd'hui qu'il en est temps encore, nous venons vous tendre la main et vous demander votre concours pour défendre dans nos deux pays la cause de la paix et de la liberté.

« Habitants de l'Alsace, vos voisins immédiats, en rapports journaliers avec vous, il nous appartient plus qu'à personne de vous adresser cet appel. Nous vous l'envoyons de cœur. Répondez-y. Qu'il ne soit pas dit que nous, qui sommes appelés à marcher au premier rang parmi les ouvriers de l'intelligence, nous voyions s'accomplir, sans protester, des actes odieux et barbares. Le délire va s'emparer des masses. Prévenons le mal pendant qu'il en est temps encore. Proclamons bien haut ce que la raison nous crie : Que la guerre est le recul de la civilisation, la source des misères des peuples, que le champ de bataille est le terrain où grandit le despotisme.

« Ne nous laissons pas aveugler par de faux raisonnements. D'autres conquêtes nous réclament, des conquêtes pacifiques et non des luttes meurtrières, stériles pour le bien et fécondes en maux.

« Unissez l'Allemagne, mais par la liberté et pour le progrès ; c'est dans le même esprit que nous aussi nous accomplirons notre tâche. Voilà la lutte, voilà les lauriers que nous devons ambitionner ; au moins ne sont-ils pas tachés de sang.

« Les gouvernements arment, que les populations protestent, que leur cri soit unanime, qu'il étouffe les bruits de guerre, que notre devise à tous soit à jamais : Paix, progrès, liberté, fraternité.

« C'est dans ces sentiments que nous vous envoyons notre salut cordial. »

Cela n'était en vérité point trop belliqueux et devait dérouter quelque peu la psychologie francophobe des savants docteurs. Mais voici mieux.

Ces deux adresses furent affichées sur le tableau noir de presque toutes les Universités allemandes, à Berlin, à Heidelberg, à Tubingue, etc., et reproduites par la plupart des grands journaux. Quelques jours après, la *Gazette d'Augsbourg* publiait une correspondance datée de Berlin, 11 mai, ainsi conçue :

« Un grand nombre des étudiants d'ici, appartenant à la *Burschenschaft* (jusqu'ici 215) publient une réponse à l'adresse pacifique des collègues de Strasbourg, réponse où l'on touve, il est vrai, une entente générale avec les vœux pacifiques de ces derniers, mais où néanmoins cette entente n'est nullement exprimée au point de vue auquel s'étaient placés les étudiants d'Alsace et d'ailleurs. Au contraire, les menaces injustes de la France y sont repoussées avec netteté et avec un courage *guerrier*, et la réponse rappelle aux Alsaciens qu'ils sont, bien qu'appartenant à la France, non des Français, mais des Allemands. Les expressions de la réponse en question nous paraissent, nous l'avouons, un peu fortes, non pas pour cette jeunesse à la bouche sincère et sans arrière-pensée, mais eu égard à cette considération que Napoléon III s'est dans l'intervalle accommodé d'une renonciation à l'annexion projetée du Luxembourg, et que la paix est de nouveau assurée dans une certaine mesure. »

La *Gazette d'Augsbourg* n'ose donc offrir à ses lecteurs que les passages les plus modérés de cette missive, qui pourtant sont déjà suffisamment agressifs. Mais nous avons pu trouver le texte *in extenso* du document, publié *d'après le manuscrit* par l'*Impartial du Rhin*. Voici cette perle :

« Messieurs,

« Nous avons lu votre adresse aux étudiants allemands dans la *Gazette d'Augsbourg*, et d'après ce journal, toutes les feuilles d'ici l'ont reproduite. Quoique nous soyons en général d'accord avec le contenu de votre écrit, nous aurions cependant préféré ne pas y répondre. En effet, pas de réponse en est une.

« N'est ce pas répondre que de se taire? Le silence parfois n'est-il pas éloquent? Néanmoins, comme nous avons appris que quelques corporations d'étudiants allemands désirent répondre à votre adresse, et comme nous ne savons pas dans quel sens ils vous répondront, nous nous sommes décidés à ne pas vous laisser ignorer notre réponse allemande, dictée par des sentiments allemands.

« Tout d'abord, sachez-le, comme Allemands, nous ne pouvons pas entonner votre hymne pathétique à la paix ; en second lieu, le point de vue auquel vous vous placez, nous ne saurions le comprendre. Examinons de plus près ces deux propositions. Nous, la jeunesse cultivée d'Allemagne, nous, les membres de la Burschenschaft allemande, nous ne saurions prêcher la paix dans un moment où nous avons dû l'acheter par de nouvelles humiliations de notre patrie, dans un temps où de France nous sont venus de nouveaux opprobres, où nous avons été menacés de nouvelles usurpations de territoires allemands. Nous ne voyons pas que votre adresse beaucoup trop vague soit opportune, quant au cas pratique de la question dite du Luxembourg. Pour nous, comme pour tout honnête homme qui sait distinguer le *tien* du *mien*, ce n'est pas du tout une question que celle-ci, que le grand-duché de Luxembourg, aussi bien que le Schleswig-Holstein, aussi bien qu'autrefois l'Alsace, est un pays allemand, une propriété imprescriptible de la nation allemande, et les derniers évènements ne peuvent rien avoir changé à ce bon droit. Nous, Allemands, nous sommes un peuple pacifique et non un peuple avide de conquêtes; mais nous voulons garder ce qui nous appartient et nous garer des voleurs. Nous regardons comme traître à la nation tout Allemand qui, pour éviter une guerre défensive, qui serait faite pour repousser des prétentions éhontées, serait d'avis d'évacuer un pays allemand et conseillerait une paix honteuse.

« Sachant que les Français ont l'entendement dur lorsqu'il s'agit de leurs intérêts, nous tâcherons de vous faire comprendre la question par un exemple tiré de la vie pratique.

« Des particuliers riches et considérés demeurent dans une rue où se trouvent de beaux palais. Dans cette rue se trouve une maison minée par le temps ; une réparation est nécessaire, et après de longues hésitations et plusieurs essais inutiles, les propriétaires se décident enfin à reconstruire la maison. On démolit les murs de séparation et la maison est rendue quelque peu habitable. Mais un méchant voisin en est irrité et plein de jalousie. Il prend la résolution d'entraver la reconstruction pour s'approprier une partie du terrain de son voisin. Il entre en négociation secrète avec un indigne locataire, un vaurien qui habite un réduit au coin de la maison. Il achète sous main de ce quidam qui ne jouit d'aucun droit, un bout de terre. Naturellement, les propriétaires légaux ne le souffriront pas : de là une lutte qui menace de troubler la paix de toute la rue.

« Voilà, Messieurs, le nœud de ce qu'on appelle la question du Luxembourg. La nation allemande veut réparer sa demeure vieille et délabrée. Le mauvais voisin, la France, qui s'est déjà approprié plusieurs parties du territoire allemand contrairement à tous droits, comme un voleur, voudrait de nouveau profiter de l'occasion pour en arracher une partie à son profit, procédé que ce voisin a également suivi du côté de l'Italie, malgré les traités faits avec la Suisse. La France n'est pas pour nous une menace, malgré le grand nombre de forts et de forteresses qu'elle possède le long de ses frontières, et bien qu'elle soit une puissance forte et unie. Pourquoi donc l'Allemagne récemment unie serait-elle une menace pour la France avec ses quelques forteresses ? Les journaux parisiens qui expriment cette crainte décernent à la France un brevet de lâcheté sans pareil, et représentent la mauvaise conscience historique de la France qui a volé tous ses voisins. Nous, la jeunesse allemande, nous ne saurions préconiser une paix achetée au prix de nouveaux sacrifices.

« Que la France, poussée par sa vaine gloire, par son ambition conquérante, et menée par un gouvernement aventurier qui espère pouvoir profiter d'une grande guerre pour asseoir son césarisme sur des bases plus solides, qui, pour couvrir ses colossales prodigalités, cherche à piller ses voisins, que la France, disons-nous, attaque d'une manière infâme et injuste, l'Allemagne saura se défendre, et nous, les étudiants allemands, nos vaillantes armées dussent-elle ne pas suffire, comme en 1813 et 1814, nous ne serons pas les derniers à défendre, s'il le faut, notre chère patrie. Que la France foule aux pieds la culture et la civilisation à la tête de laquelle si souvent et à tort elle s'est vantée de marcher, qu'elle rouvre l'ère barbare des guerres de Napoléon Ier, nous, Allemands, nous montrerons dans cette lutte nationale que c'est nous qui sommes le cœur de l'Europe, qui sommes appelés à faire l'admiration du monde, et que nous surtout, les fils de la science, nous savons faire preuve d'humanité.

« Mais tant que nous serons la partie offensée et menacée, nous ne parlerons pas de paix. Que la France proteste en faveur de la paix, ses manifestations, plus elles seront fermes et précises, plus elles mettront à découvert le tort de votre cabinet des Tuileries, plus aussi elles lui feront honneur ; car elle renie ainsi son passé, sa propre histoire qui, depuis Louis XIV (ce tyran vaniteux, bigot, enflé, injuste et grand seulement par ses vices de tous genres), n'a été qu'une suite continue de guerres injustes, de ravages et de meurtres. Telle est notre réponse au contenu principal de votre adresse, c'est-à-dire l'appel de travailler avec vous en faveur de la paix. Nous aussi nous ne sommes pas les esclaves d'une fausse ambition ; nous aussi nous détestons le despotisme qui établit son trône sur la guerre et les ruines ; nous aussi nous aimons la paix, mais une paix favorable qui laisse le sien à chacun. Nous ne faisons pas de préparatifs de guerre contre la France, cette nation si forte entre toutes ; mais l'homme le plus pacifique, à moins d'être un lâche, ne défend-il pas son foyer contre les brigands?

« Pour ce qui est du point de vue auquel vous, étudiants de Strasbourg, vous vous placez pour vous adresser à nous, nous avons déjà signifié plus haut que ce point de vue, nous ne saurions l'approuver ; mais bien plus, nous devons dire que ce point de vue nous blesse profondément. Vous, « habitants de l'Alsace, » vous nous parlez comme Français, et cependant vous portez pour la plupart des noms allemands, vous êtes de race allemande ; vous êtes les petits-fils de ces *Allemanen* qui pendant tout un millier d'années ont montré en Alsace qu'ils ne formaient pas le rejeton le plus mauvais de la nation allemande, de ces *Allemanen* qui à travers notre histoire se sont élevés dans la littérature, dans l'art aussi bien qu'en puissance, dans une communion tout intime avec nous. Pendant mille ans, l'Alsace fut une partie indépendante et glorieuse de notre nation, une forteresse avancée du droit allemand, forteresse élevée contre ce peuple voisin, contre ces Welches (race romane) qui ne peuvent rester en repos. Mais qu'est devenue cette Alsace? Aujourd'hui, elle n'est pas autre chose qu'une province sous le joug, où l'on arrache toute vie libre et indépendante avec la langue et les mœurs allemandes, dépendante de Paris, méprisée des vrais Français qui vous appellent : « Ces grosses bêtes d'Alsaciens ! » Vous êtes bien des sujets de la France, mais êtes-vous pour cela des Français de nationalité ? Êtes-vous du jour au lendemain de Germains devenus Romains ?... Rien que deux siècles — ô honte ! — ont suffi pour vous faire oublier une histoire de mille ans, pour vous faire oublier comment l'Alsace, comment Metz, Toul et Verdun, comment Nancy sont devenus Français !

« Est-on cheval pour être né dans une écurie ? On vous a jetés contre le mur de la France comme de la boue (le mot de Cambronne serait ici plus exact) et vous y êtes restés aplatis.

« Est-ce que le Rhin allemand, votre cathédrale, les chants d'Allemagne, si vous êtes encore capables de les comprendre, ne vous crient pas chaque jour : « Vous êtes Allemands !!! » Vous voulez coûte que coûte être Français et vous chantez à votre honte : “ *Oh! France, oh! ma patrie!* ” au lieu de notre refrain : “ *Allemagne, Allemagne au-dessus de tout, au-dessus de tout dans le monde.* ” Nous vous disons : Reconnaissez-vous vous-mêmes.

« Comme les chauves-souris repoussées également par les souris et les oiseaux, vous n'êtes reconnus par personne. Une pareille désertion, une pareille félonie est sans exemple dans l'histoire. — Il fallait bien une fois vous dire ce que nous, les vrais patriotes allemands, nous pensons de vous. Il ressort clairement de votre lettre que vous avez complètement perdu le sentiment de votre misère ; il fallait par conséquent vous présenter le miroir pour vous montrer dans quel état vous paraissez dans l'histoire, dût cette image même vous faire au premier abord reculer d'épouvante.

« Nous ne voulons pas vous offenser personnellement ; au contraire, nous croyons vous honorer et vous donner un témoignage de notre amitié en vous adressant des paroles franches et honnêtes.

« Les renégats et les transfuges sont détestés par tout le monde, et vous ne sauriez faire exception, quand même on ne vous jetterait journellement votre honte à la figure. A une époque où les petites nations, les Grecs, les Roumains, les Serbes, les Slaves se réveillent de leur torpeur et se souviennent de leur nationalité, vous, Alsaciens et Lorrains, vous ne sauriez persister dans votre apathie. Certes, ce n'est pas à vous de dire : « Sans doute, si la guerre était inévitable, nous ne marchanderions pas nos sacrifices à la France. »

« Quoi ! Vous voudriez renier votre nationalité ? Quoi ! comme ce fabricant de Mulhouse, vous voudriez former des corps francs pour marcher contre l'Allemagne, notre et votre mère ? Quoi ! vous voudriez percer le sein de votre *alma mater*. Quoi ! vous voulez, en face du monde et de l'histoire, vous couvrir de honte, et votre déshonneur, vous pensez le cacher par des phrases et des déclamations ? Oh ! ne le faites pas ! Il en est autrement aujourd'hui qu'au commencement de ce siècle ; l'histoire arrachera le faux masque de votre figure, et comme traîtres et vils esclaves d'un despotisme étranger, vous serez exposés au pilori que vous avez mérité.

« Croyez-nous, il nous en a coûté de ne pouvoir répondre à votre salut fraternel, de n'avoir pu serrer la main que vous nous offriez comme frères. Nous vous crions : Rendez-vous en dignes, soyez des entiers, vous qui n'êtes que des moitiés, étudiez votre histoire locale, étudiants d'Alsace et de Lorraine ; quittez votre état de bâtards, redevenez préalablement dans vos cœurs les vrais enfants de la patrie allemande, comme l'ont été vos aïeux qui aujourd'hui seraient obligés de vous renier. Alors nous aussi, quand nous serons victorieux dans la prochaine guerre, ce qui est hors de doute, nous vous presserons fraternellement contre notre forte poitrine. Mais avant, jamais !

" *Diximus et salvavimus animam.*

« Au nombre de 245 membres, jusqu'à ce moment, de la corporation de Berlin.

« Otto-Hermann Gutsmuth ».
« *stud. juris* ».

« Expédié le 14 mai ».

On se rappela aisément en Alsace que le M. Gutsmuth qui avait signé cette œuvre d'art était venu l'hiver précédent passer quelques semaines à Strasbourg où il avait reçu le meilleur accueil. La *Burschenschaft*, au nom de laquelle l'adresse était écrite, est, si nous en croyons le *Courrier du Bas-Rhin*, « la plus puissante, la plus germanique, la plus unitaire des corporations d'étudiants ».

« L'agitation pour la liberté et l'unité germaniques, nous apprend encore le journal l'*Europe*, a été entretenue pendant un demi-siècle au prix d'immenses sacrifices par les étudiants allemands et surtout par les membres de la *Burschenschaft*, c'est-à-dire du parti démocratique de la jeunesse des Universités allemandes. L'histoire de la *Burschenschaft* forme, pour ainsi dire, le noyau de l'histoire du mouvement national et libéral en Allemagne. Les membres de cette ligue, représentés à chaque Université par une société particulière, souvent secrète, ont été longtemps persécutés, avec la plus grande rigueur, par la police de l'ancienne Confédération, et les hommes d'Etat et les savants les plus éminents de l'Allemagne ont fait partie de ces associations. » Après 1848, au contraire, la *Burschenschaft* fut encouragée par les gouvernements.

On sait maintenant de quelle source émanait cette singulière réponse. Elle fit grand bruit dans la presse. Les journaux la commentèrent des deux côtés du Rhin, et l'impartialité nous oblige à dire que plusieurs importantes feuilles allemandes la flétrirent comme il convenait.

Les étudiants de Strasbourg, indignés, se réunirent au nombre de plus de 500 à la promenade de l'Orangerie. On détela une voiture ; un étudiant escalada cette tribune improvisée et lut, aux acclamations de l'assistance, la nouvelle lettre qu'il venait de rédiger avec ses camarades :

« En nous adressant à nos collègues d'un pays où brillent en ce moment les Jacobi, les Schulze-Delitsch, les Waldeck et tant d'autres illustres champions de la liberté, nous espérions trouver chez vous une étroite communion des idées larges et généreuses que doivent surtout professer les jeunes gens éclairés de tous les pays.

« Grande fut notre méprise ! A nos paroles de paix, de liberté et de fraternité, vous avez répondu par des menaces et des injures qu'il nous répugne de qualifier. Si vos objurgations ne s'adressaient qu'à nous, étudiants d'Alsace et de Lorraine, nous vous répondrions par un silence plein de dignité et de mépris.

« Mais comme vous vous attaquez à la France entière, nous nous levons en masse pour protester.

« Nous gardons votre adresse comme le meilleur modèle de ce qu'a jamais dicté la grossièreté ; nous vous renvoyons aux ouvriers de Berlin : apprenez d'eux comment on répond à des paroles de fraternité.

« Quelle dérision ! Vous, Prussiens, vous venez parler de liberté et d'indépendance à nous, les fils de la grande Révolution, vous qui faites courber les Allemands, vos frères, sous le joug du despotisme !

« Oui, nous méconnaissons votre refrain :

« Allemagne au-dessus de tout dans le monde », car c'est dans nos murs qu'a été entonné pour la première fois l'hymne guerrier de la France, la *Marseillaise*, au chant de laquelle nos pères ont refoulé l'invasion.

« Si vous ignorez encore pourquoi l'Alsace est française, apprenez qu'elle l'est depuis les jours de 89, où elle a secoué le joug de la féodalité pour se rallier à la nation qui venait de proclamer la liberté.

« Il n'y a ici ni Lorrains, ni Alsaciens, nous sommes tous Français et fiers de l'être.

« Vienne l'étranger ! dignes fils de nos glorieux pères, nous saurons répondre à vos insultes et à vos ridicules bravades par d'éclatantes victoires. »

Cette mémorable assemblée de l'Orangerie inspira au peintre alsacien Théophile Schuler l'un de ses meilleurs dessins qui fut reproduit par l'*Illustration* (n° du 1er juin 1867).

Pourquoi nos hommes politiques d'aujourd'hui n'ont-ils pas le temps de lire et de méditer les vieux journaux ? Ils y recueilleraient parfois de salutaires enseignements. L'incident de 1867 en est la preuve.

Aujourd'hui, il se trouve encore des rêveurs — nous ne parlons pas des gens d'affaires — pour prêcher un rapprochement avec l'Allemagne.

Depuis 1867, pourtant, que de barrières se sont élevées entre les deux nations, quel mur infranchissable et terrible, construit avec des cadavres, cimenté avec du sang et des larmes ! Et l'on croit que l'union serait possible, alors qu'elle ne pouvait s'accomplir en un temps où de tels souvenirs n'existaient pas encore, — avant que les vingt-sept ans de résistance de l'Alsace-Lorraine eussent exaspéré contre nous les rancunes germaniques.

Méditez donc les vieux journaux, ô politiciens !

AUXERRE. — IMPRIMERIE ALBERT LANIER, RUE DE PARIS, 43.

www.ingramcontent.com/pod-product-compliance
Ingram Content Group UK Ltd.
Pitfield, Milton Keynes, MK11 3LW, UK
UKHW021040200726
13857UKWH00005B/1839

9 782011 779694